HISTOIRE

DU

THÉATRE EROTIQUE

PARISIEN

TIRAGE

A CENT CINQUANTE EXEMPLAIRES

———

130 sur papier vergé.

5 sur papier album jaune.

4 sur papier de Chine.

10 ex. tirés in-8, sur grand papier fort d
Hollande.

Un ex. unique sur peau de vélin.

———

N°

EPOTIKON ΘΕΑΤΡΟΝ

54, Rue de la Santé

BATIGNOLLES

M

Vous êtes invité à assister a la représentation de mardi 8 Juillet courant

On jouera

Le Dernier Jour d'un Condamné

Drame en 3 actes & en prose

L'invitation est absolument personnelle Se munir de la lettre d'avis.

Tournez le bouton, S. V. P. — Quiconque sonnera sera impitoyablement expulsé

Pour la direction du Théatre,

Lemaire de manuelle

2013. — BON POUR un Dessin de Cheminée

On Commencera à 8h½ du soir

HISTOIRE ANECDOTIQUE

DU

THÉATRE ÉROTIQUE

PARISIEN

PAR

UN DE SES ACTEURS

BATIGNOLLES.

—

MDCCCLXIII — 1871

HISTOIRE ANECDOTIQUE

DU

Théatre Érotique

PARISIEN.

I

Si l'hypocrisie n'était pas, par excellence, la vertu théologale de notre triste époque, ce Théâtre, conçu d'après l'idée simple de Molière, *de réjouir les honnêtes gens*, n'aurait aucunement besoin d'introduction. On lèverait la toile, et le spectacle commencerait, après l'ouverture exécutée par les violons.

Mais, hélas! l'esprit criminaliste de nos contemporains, tous magistrats stagiaires à la sixième chambre, voit matière à procès et à scandale dans les actions les plus ingénues, et réclame à grands cris des explications.

Ce sont ces explications que nous allons ne pas leur fournir.

1.

II

Ce que nous prétendons écrire, n'est que l'histoire pure et succincte du *Théâtre érotique parisien*, théâtre bizarre, irrégulier, sauvage, excessif, — mais où l'on a ri d'un rire franc, et qui a eu le privilége de réunir, dans la communion de la gaîté, un petit nombre d'artistes et d'hommes de lettres bien portants.

La bohème élégante et poétique de la rue du Doyenné, le cénacle qui rassemblait Théophile Gautier, Gérard de Nerval, Lassailly, Arsène Houssaye, encore non millionnaire, et Chassériau, et Marilhat, et tant d'autres, morts régulièrement ou enterrés dans un Institut vague et indéterminé, ou simplement devenus de grands poètes contraints de rendre comptes des ouvrages de M. Dennery, pour gagner l'argent nécessaire à l'entretien des vices qu'ils ont pu conserver, n'a plus aucune raison d'être. Elle a disparu — avec les beaux enthousiasmes et les fiers élans qui faisaient battre le cœur des *vaillants* de 1830.

Mais le bourgeoisisme envahissant, la

vie de café, le besoin incessant de *faire de la copie*, n'ont pu discipliner entièrement la bande des hommes de lettres vivaces et des artistes en qui le sang des aïeux circule, malgré tout. A de certains moments, la gent irritable sent ses nerfs agacés, et veut, à toute force, protester, fût-ce entre quatre murs ou dans le fond d'une cave, contre la tyrannie des soirées officielles et des réunions où les peintres sont mêlés aux boursiers, et les poètes aux journalistes graves.

En ce temps-là (1861), M. Duranty venait d'ouvrir, dans le jardin des Tuileries, un théâtre de marionnettes, salué à son aurore par les acclamations de la haute et de la basse presse, marionnettes littéraires, qui pétaient des alexandrins, en guise de poudre, aux yeux des militaires et des bonnes d'enfants, — mais qui ne tardèrent pas à devenir pareilles aux marionnettes des Champs-Élysées, et durent se résigner à jouer la farce traditionnelle de Polichinelle battant sa femme, et finalement emporté par le Diable.

III

M. Amédée Rolland, que les récents succès des *Vacances du Docteur* et de *l'Usurier de Village* avaient mis en vue, demeurait alors dans une sorte de ville de province, enclavée, au fond des Batignolles, entre les fortifications et les premières maisons de Clichy-la-Garenne. Sa maison avait pour locataires M. Jean Duboys, l'auteur de *la Volonté* et des *Femmes de Province*, M. Edmond Wittersheim, et M. Camille Weinschenck, un voyageur revenu du Japon, et que la difficulté de son nom qui se brait, se miaule, ou s'aboie, peut-être, mais ne se prononce pas, faisait appeler, simplement, 4025.

A la suite d'un déjeuner où était invité M. Lemercier de Neuville (Lemerdier, dans l'intimité), on émit le projet d'appliquer l'idée de M. Duranty à un théâtre libre, où la fantaisie se donnerait carrière, et qui servirait de prétexte à réunir dans un souper semi-mensuel une vingtaine de gens d'esprit, éparpillés aux vingt coins de Paris.

Le projet eût été un simple propos d'après

boire, sans M. Lemercier de Neuville, sorte de maître Jacques, apte à plus de choses que l'ancien, qui trouva immédiatement le moyen de faire une réalité d'une idée en l'air ; — et le 27 mai 1862, un public — très-particulier — était convié d'assister à l'inauguration solennelle de l'*Erôtikon Théatron*.

IV

Ce théâtre était installé dans une salle vitrée, antichambre de la maison.

M. Lemercier de Neuville en fut à la fois l'architecte, le maçon, le peintre, le machiniste et le directeur. Le privilége lui en fut, bien entendu, solennellement concédé (1).

Au-dessus de la porte d'entrée, on lisait cette maxime, empruntée à la sagesse de Joseph Prudhomme :

SANS ORDRE ON N'ARRIVE A RIEN.

Ladite maxime servit d'épigraphe aux affiches des représentations, données PAR l'ORDRE, puisque sans ordre on n'arrive à rien.

Les inscriptions étaient nombreuses dans

(1) Voir le texte de ce privilège.

la maison. Locataires et visiteurs avaient tous l'esprit épigraphique.

Chaque pièce avait donc une appellation particulière, qui se justifiait.

Sur la porte des lieux, on lisait :

PARLEZ A PONSON.

On finit par dire : " Je vais *chez Ponson*, " pour : " *Je vais aux lieux*. "

Le domestique de la maison se composait de deux femmes : Tronquette, sorte de négresse blanche, longtemps au service de Titine, personne de mœurs légères qui a fait les beaux jours du café du *Rat mort*, après avoir fait ceux de M. Amédée Rolland, et de quelques autres gens de lettres. Tronquette était chargée de faire les lits de ces messieurs, mais son occupation essentielle consistait à ne jamais se laver les mains ni la figure. M. Auguste de Châtillon lui demanda un jour si elle se lavait autre chose ; Tronquette lui répondit : " Venez-y voir ! "

La femme de Léonidas eût dit : " Viens le prendre ! "

L'autre femme était la cuisinère Aimée,

— semblable à toutes les cuisinières possibles.

Aimée et Tronquette couchaient ensemble dans un petit pavillon, à l'entrée du
jardin, sur la porte duquel était écrit :

PARLEZ A TRONQUETTE.

M. Albert Glatigny fut surpris un jour
dans ce pavillon, excitant violemment les
deux pécores aux voluptés de la tribaderie.

La vertu de Tronquette se manifestait
en ce moment sous la forme d'un manche
à balai, qu'elle brandissait sur la tête, la
vraie tête (1), de ce poète immoral, mais
convaincu.

Chaque chose, chaque animal du jardin
avait un nom particulier, destiné à illusion-
ner les étrangers sur sa nature et son ori-
gine :

Le puits se nommait : — *Les Sources du
Nil;*

Un puisard : — *L'Hippocrène ;*

Un espace sablé, réservé pour faire des
armes : — *Le Champ-de-Mars ;*

(1) M. Albert Glatigny a été surnommé « le poète-
gland. » *Intelligenti pauca.*

La cage aux chiens : — *La Ménagerie;*

Follette, chienne caniche : — *Lionne de l'Atlas;*

Pip, chien ratier : — *Tigre du Bengale;*

Un chat empaillé, enchaîné au sommet du puits : — *Singe du Pérou, rapporté par le capitaine Camil;*

La cage aux poules portait cette inscription : — *Coq de Gruyère, donné par le consul de France à Batignolles;*

Une pie noire, aux ailes éboutées, qui sautillait çà et là, avait été baptisée *Perle noire,* en l'honneur de la pièce de M. Sardou.

Les arbres portaient des étiquettes du même genre :

Un abricotier : — Saucissonnier à l'ail. *(Saucissonnierus alliaca.*LINNÆUS.*)* donné par M. Champfleury.

Un sapin : — Bretellier des Alpes. *(Bretellarium alpinium;* LINNÆUS.*)* donné par M. de Lamartine.

Un prunier : — Cubèbe commun. *(Cubebus communis;* LINNÆUS.*)* donné par mademoiselle Suzanne Lagier.

Etc., etc., etc.

IV

Le Théâtre.

Sur les murailles s'étendait une fresque peinte par M. Lemercier de Neuville, représentant une salle de spectacle où les charges des spectateurs, fort ressemblantes, se prélassaient dans les loges.

Le théâtre, au fond de la salle, ne comportait pas moins de seize plans (pieds?) de profondeur, et était machiné de manière à y représenter des féeries aussi compliquées que la *Biche au bois*.

Personnel.

Bailleur de fonds et propriétaire : M. Amédée Rolland.
Directeur privilégié : M. Lemercier de Neuville.
Régisseur général : M. Jean Duboys.
Lampiste, machiniste, en un mot toutes les fonctions viles : M. Camille Weinschenck.

Matériel.

Huits poupées, sculptées par M. Demarsy, acteur de la Porte-Saint-Martin ;

Douze costumes, exécutés par les maîtresses des membres de l'administration ;

Trente-six décors, peints par Edmond Wittersheim et Lemercier de Neuville, mais retouchés par M. Darjou, qui avait peint la façade du théâtre.

Deux décors, le salon Louis XV et la cuisine, qui servaient dans *Signe d'argent*, étaient l'œuvre de l'heureux mortel auquel madame Alphonsine, des Variétés, a dit un jour : « Sois mon Caïus, je serai ta Caïa ! »

Passons à la liste des ouvrages représentés sur ce théâtre, au cours de l'été de 1862 et de l'hiver 1863, à la fin duquel, à cause du déménagement de M. Amédée Rolland, l'*Erôtikon Théatron* ferma ses portes :

1 *Erôtikon Théatron*, prologue en vers, par M. Jean Duboys ;

2 *Signe d'argent*, vaudeville en trois actes, du même ;

3 *Le dernier Jour d'un Condamné*, drame en trois actes, par M. Tisserant ;

4 *Un Caprice*, vaudeville en un acte, par M. Lemercier de Neuville ;

5 *Les Jeux de l'Amour et du Bazar*, comédie de mœurs, du même auteur ;

6 *La Grisette et l'Étudiant*, comédie en un acte, par M. Henry Monnier ;

7 *Scapin maquereau*, drame en deux actes, en vers, par Albert Glatigny.

D'autres pièces avaient été commandées.

MM. Théodore de Banville avait promis une comédie en prose, et M. Champfleury une comédie en vers.

Des lettres d'invitation (1), imprimées chez Claye, furent envoyées aux personnes *dignes d'entrer*, et le 27 mai 1862, nous l'avons dit, le théâtre fut inauguré en présence de MM. Paul Féval, Charles Bataille, Carjat, Alcide Dusolier, Émile Durandeau, Alphonse de Launay, Champfleury, Demarsy, Darjou, Charles Monselet, Tisserant, Charles de la Rounat, Debillemont, Duranty, Albert Glatigny, Jules Moineaux, Louis Ulbach, le colonel Lafont, Alphonse Daudet, Théodore de Banville, Henry Monnier, Léo Lespès. Omer, de l'Ambigu, et de mesdemoiselles Guimond et Antonia Sari.

Un journal du temps, *Le Boulevard*, donna le compte-rendu de la première représentation, dans son numéro du 1er juin 1862 ; c'était de la prose de Carjat lui-même, écrivant chez lui ; bel exemple pour la *Revue des Deux Mondes !*

" Encore un nouveau théâtre ! un théâtre

(1) Voir le fac-simile.

d'intimes ! *Erôtikon Théatron*, ce qui veut dire Théâtre des Marionnettes amoureuses. Rassurez-vous, tout s'y passe le plus convenablement du monde ; les coups de bâton y sont toujours protecteurs de la morale, et si la mère ne peut y conduire sa fille, en revanche le plaisir y attire des peintres et des littérateurs de talent.

" La façade du théâtre, peinte par Darjou, mérite une description spéciale, — mais *Prologus* va remplir ma tâche, — Prologus, c'est-à-dire un bouffon personnage, à qui Jean Duboys fait dire des vers charmants, que nous ne pouvons tous citer, faute d'espace, mais dont voici un échantillon :

> Messieurs, salut ; salut mesdames ;
> Vous les grâces, et vous les flammes,
> Intelligences et beautés,
> Le personnel de cette scène,
> Ce soir, va faire son étrenne
> Devant vos doubles majestés.
>
> Il ne manquera pas de zèle ;
> Mais, ainsi que la demoiselle
> Que l'on nomme Anna Bellangé,
> Ce personnel assez folâtre
> N'a paru sur aucun théâtre
> Et désire être encouragé.
>
> Cachez donc bien vos clefs forées,
> Point de clameurs exagérées,
> Où l'on imite exactement
> Les mille bruits de la nature,

Depuis l'orage et son murmure
Jusqu'au chien et son aboîment.

Nous comptons sur votre sagesse
Pour que personne ne transgresse
Cet avertissement léger,
Et même dans notre service,
Nous avons omis la police,
De peur de vous désobliger.

Notre nouveau théâtre a fait des frais énormes
Veuillez vous assurer que tout est peint à neuf ;
Arlequin suspendu fait admirer ses formes,
Et Jourdain ses souliers brillants, cirés à l'œuf.

Pierrot pendu fait la grimace,
Et de son œil écarquillé,
Il contemple une contrebasse,
Auprès du pot qu'il a pillé.

La triste Melpomène et la folle Thalie
Changent enfin de robe après quatre cents ans :
L'une va chez Ricourt pour jouer Athalie ;
L'autre reste aux *Ducs Jobs*, passés, futurs, présents.

Voyez s'enrouler sur leurs têtes
La vigne mêlée au laurier,
Rameaux sacrés que les poètes
Aiment surtout à marier.
. . . .
. . . .

Du reste notre privilége
Admet tous les genres : ballets ;
Pièce à femmes, et son cortége
De jupons courts et de mollets ;
Drame à canon, si je voulais !...

" Comme vous voyez, ces marionnettes
sont assez littéraires ; aussi M. Darjou a-t-
il peint la façade du théâtre avec non moins

2.

d’art que Jean Duboys l’a décrite. Nous lui en faisons nos compliments sincères. ”

Cette première représentation fut suivie d’un grand souper. M. Champfleury porta ce toast audacieux :

“ A la mort du Théâtre-Français ! à la prospérité des Marionnettes ! ”

Des vers furent récités. M. Alcide Dusolier régala une fois de plus ses amis d’un poème qui a pour titre *Phanor*. On le soufflait.

Quand vint le tour de M. Charles Monselet, M. Duranty se leva, et protesta, au nom de la prose, contre cette avalanche de vers.

Plusieurs personnes réclamant à grands cris *les Petites Blanchisseuses*, la discussion menaçait de s’envenimer ; M. Monselet y mit un terme, en disant, d’une voix grave et émue :

“ Messieurs, si je dois être la cause d’une collision, je me retire. ”

A deux heures du matin, on se sépara, et M. Champfleury, toujours *petit Bineau*, en s’enretournant, tira religieusement tous les cordons de sonnettes qu’il put appréhender en son chemin (1).

(1) Voir les *Souffrances du professeur Delteil*.

VI

M. Monselet dînait chez M. Amédée Rolland. Tout d'un coup il se lève, prend sa canne et son chapeau, et déclare qu'il sort pour assister, au Gymnase, à la première représentation de *la Perle Noire*.

" Reste donc, dit M. Lemercier de Neuville, nous nous sommes procuré le manuscrit de la pièce, et nous allons te la jouer. De cette façon, tu rempliras tes devoirs de critique, — et tu auras du dessert. "

On improvisa, séance tenante, une pièce sous le titre de *la Perle noire*.

M. Monselet eut la bonté de croire qu'il assistait à la première représentation du chef-d'œuvre de M. Sardou, et, comme de juste, il en fit un compte-rendu des plus élogieux dans *le Monde illustré*.

VII

Aujourd'hui, de ce théâtre, il ne reste rien, qu'un souvenir de gaîté et de folie.

Des bourgeois (détournez votre face) se sont installés dans la maison de la rue de la Santé, — les fresques sont couvertes d'un lait de chaux ; — et les auteurs des bouffonneries gaillardes dont on va parler, se livrent à la composition d'ouvrages sérieux, [afin de mériter la peine d'Académie à perpétuité.

Privilége du Théâtre érotique (1).

Nous soussignés, seigneurs de Batignolles-sous-Banque et de la Monnaie, princes souverains de Tronquette et Poil, ducs d'Aimée-la-folie, comtes de Follette, vidames de Pip, et autres lieux du terrail et du terroir ;

Accordons, par ces présentes, à notre amé et féal Lemercier de Neuville, le privilége du théâtre de la principauté ;

Sous condition, par notre dit sieur Lemercier de Neuville, de se conformer aux lois, règlements et ordonnances qui forment le code civil et criminel des dits États ;

En vertu de cet acte souverain, le dit sieur Lemercier de Neuville aura droit de haute et basse justice sur tous comédiens, comédiennes, souffleurs, machinistes, pitres,

(1) Se trouve en original dans nos archives. (Note de l'éditeur.)

galopins et autres, attachés à l'exploitation de son théâtre ;

A lui seul appartient le droit de juger, recevoir ou refuser les ouvrages dramatiques qui lui seront présentés, sous réserve des réceptions déjà faites avant son entrée en fonctions ;

Il peut, jusqu'à un certain point, jouir du droit de jambage, cuissage, culage, prélibation, cuillette, droit des vergettes, et autres apanages réputés féodaux, sur les imprudentes qui entreront dans le siége de son exploitation, alors qu'il sera dans l'exercice de ses fonctions.

Ledit sieur Lemercier de Neuville devra tenir le théâtre en bon état, et surtout jouir en bon père de famille, non-seulement des imprudentes sus-énoncées, mais de son privilége ; c'est-à-dire veiller à la conservation et à l'augmentation des décors, ne recevoir que des chefs-d'œuvre joués par des artistes hors ligne, sous peine de révocation, après décision du conseil privé.

Au nom des quatre fils Aymon :

par ampliation,

AMÉDEE ROLLAND,

secrétaire.

Scellé du sceau et enregistré,
Edmond Wittersheim.
Vu et légalisé,
Jean Duboys, Camille Weinschenck.

La Grisette et l'Étudiant.

M. Henry Monnier répudie énergiquement la paternité de cette comédie.

Que Joseph Prudhomme, à l'instar de l'Eumolpe de Pétrone, rougisse au moyen du fard des gaîtés de sa jeunesse, devant les imbéciles divers, nous le voulons bien ; mais, de lui à nous, cette pudeur empruntée à la chimie est hors de propos.

Lorsqu'il vint offrir *la Grisette et l'Étudiant* à l'administration du Théâtre de la rue de la Santé, Monnier avait passé la soixantaine.

Lui-même fit parler les trois personnages de la comédie.

Lui-même vint recevoir, avec l'im-per-tur-ba-bi-li-té cons-ti-tu-ti-on-nel-le du cabotin induré, les fé-li-ci-ta-ti-ons de spectateurs idolâtres et vertueux, parmi lesquels on

remarquait MM. Paul Féval, Paul Bla-
quière, alors mélancolique et poitrinaire (1),
Charles Bataille, Edmond Duranty, Albert
Glatigny, etc., etc., sur lesquels planaient
visiblement les ombres de tous les rap-
porteurs éventuels du prix Monthyon.

Le manuscrit autographe de M. Henry
Monnier, dont nous sommes l'heureux pos-
sesseur, ne peut d'ailleurs laisser de doute
sur le concubinage auquel cet égrillard funèbre s'est livré avec mademoiselle Musa,
afin de procréer *la Grisette et l'Étudiant*.

Voyons, Monnier, tu as vraiment tort de
renier ton essai de comédie libre. Il te sera
compté pour plus que les rengaînes dont tu
attristes les soupers où ta place est marquée
comme auteur des *Bas-Fonds ;* — et il vaut
mieux, mille fois, que ta pièce des *Peintres
et Bourgeois*, faite en collaboration avec un
commis-voyageur mis à pied, et qui a ob-
tenu un four si funèbre, dedans l'Odéon,
noir caveau !

M. Monnier a donné deux représentations

---

(1) Thérèsa lui a depuis fait deux filles : *La Vénus aux
Carrottes* et *La Femme à Barbe*. La mère et les enfants
se portent bien.

de *la Grisette et l'Étudiant* sur le **Théâtre** de la rue de la Santé.

Nous le jurons !

Et il nie, le récidiviste !

Ce qui n'empêche pas que cette petite et charmante comédie n'ait été jouée par l'auteur lui-même, sur un théâtre de société.

Et cela, en 1862 !

Pas vrai, Monnier ?

Les jeux de l'Amour et du Bazar.

Ce marivaudage fut un des grands succès du Théâtre érotique.

En faisant représenter si souvent ses propres ouvrages sur le Théâtre dont le privilége lui avait été accordé, M. Lemercier de Neuville se mettait en contravention directe avec l'association des auteurs dramatiques.

Il fut un instant question de réunir, en une assemblée solennelle, les fournisseurs des différents spectacles de Paris, sous la présidence de M. Léon Laya, pour examiner s'il n'y avait pas lieu de mettre le Théâtre érotique en interdit. Quelques grands personnages s'entremirent, et l'interdit ne fut pas prononcé.

Le chœur des sergents de ville qui termine la pièce fit trouver un nouveau truc qui servit depuis pour toutes les figurations dont on eut besoin. Les marionnettes se tenant au bout des bras, et le cadre du Théâtre ne pouvant permettre à plus de deux personnes de se tenir cachées derrière la devanture, il était de rigueur absolue qu'il n'y eût jamais que quatre acteurs au plus en scène.

M. Lemercier de Neuville imagina de peindre, sur un morceau de carton découpé, une vingtaine de sergents de ville, que l'on pouvait faire manœuvrer facilement d'une seule main. Chaque sergent de ville était décoré.

La première représentation des *Jeux de l'Amour et du Bazar* fut attristée par la mort de Ratapon, bon vieux chat invalide, mais athée. On l'inhuma le lendemain, dans le jardin, avec le cérémonial usité par la religion de la majorité des Français, afin d'éviter aux voisins le spectacle scandaleux d'un enterrement purement civil.

L'oraison funèbre de Ratapon fut pro-

noncée en ces termes par mademoiselle
Tronquette :

— Ah bien! tant mieux! il ne viendra
plus chier sur mon lit.

Un Caprice.

La réception de ce vaudeville fut signa-
lée par la chute, dans le verre de M. Lemercier de Neuville, d'une chenille qui
faillit l'étrangler, pendant qu'il lisait son
œuvre au comité, assemblé sous la tonnelle
du jardin, et composé, ce jour-là, de
MM. Amédée Rolland, Jean Duboys,
Vieillot et Albert Glatigny.

Joué au commencement d'octobre 1863,
Un Caprice réussit. Cependant le succès ne
fut pas aussi éclatant qu'on l'eût pu croire
aux répétitions.

Un spectateur se retira avant la chute
du rideau, violemment indigné. Ce spectateur était M. Louis Wihl, poète allemand,
aujourd'hui professeur au lycée de Greno-
ble. M. Glatigny avait fallacieusement per-
suadé au bon allemand, que les marionnettes de la rue de la Santé ne jouaient que
des pièces d'un haut goût littéraire, et
que la libre pensée, expulsée du Collége,

de France et des cours publics, s'était réfugiée au théâtre des Batignolles. M. Louis Wihl en fut ému, et sollicita une invitation.

Le soir de la première représentation du *Caprice*, il arriva donc, flanqué de deux volumes de Hegel et d'un exemplaire de ses poésies allemandes, bénissant les dieux qui l'avaient conduit dans un cénacle de jeunes gens sérieux et réfléchis! La première scène l'étonna d'abord, et plusieurs expressions, peut-être libres, l'effarouchèrent. On l'apaisa en lui faisant observer qu'elles étaient de la langue de Rabelais. Mais à la scène capitale du vaudeville, quand Urinette se lave le cul, le vertueux philosophe n'y put tenir, et sortit en bousculant les chaises...

— " M. Rolland est un *picnouf!* " s'écria-t-il.

Le mot *picnouf*, employé pour *pignouf*, était le seul terme d'argot parisien qui eût pu se loger dans cette tête carrée.

On applaudit beaucoup le truc de la cascade d'eau naturelle tombant dans la cuvette d'Urinette, et rappelant vaguement l'effet produit par le torrent dans le *Pardon de Ploërmel*.

Un caprice fut repris, à quelque temps de là, sur le théâtre de marionnettes de M. Émile Renié, rue des Martyrs. Ce théâtre réussit peu, et ferma avant d'avoir ouvert (1).

Signe d'argent.

Ce drame fut représenté le 27 mai 1863, pour l'inauguration du Théâtre érotique.

Le seul auteur nommé fut Jean Duboys, mais M. Amédée Rolland avait collaboré.

Un excès de modestie empêcha l'auteur des *Vacances du Docteur* de faire proclamer son nom.

La pièce eut un fort grand succès, malgré la longueur des entr'actes. M. Charles Monselet, pour faire prendre patience aux spectateurs, joua, entre le premier et le second acte, la scène du *Monsieur à qui l'on a pris sa place*. Cet intermède fut accueilli par une salve d'applaudissements, qui en devint un tonnerre.

(1) « Nous n'étions pas partis que nous étions arrivés. »
J. JANIN.

Si tu ne comprends pas, lecteur, il est inutile que je m'explique.

Au troisième acte, le public fut vivement impressionné par l'apparition d'un billet de banque de cinq cents francs, réel et sérieux. La marionnette chargée du rôle de marquis, en jouant avec ce billet, l'ayant imprudemment approché d'une bougie allumée, M. Amédée Rolland, au risque de troubler le spectacle et de compromettre le succès de l'ouvrage, se leva, mû comme par un ressort, et s'écria, comme par la trompette du Jugement : " Nom de Dieu ! prends garde de le brûler! ,,

Profitant de l'émotion causée par cet accessoire féerique, M. Monselet (encore lui!) se précipita vers le théâtre, et tenta d'en dépouiller la marionnette. Un violent murmure de réprobation, mais d'envie, s'éleva des quatre coins de la salle, et fit comprendre à l'auteur du *Morpion étrusque* qu'il trouverait des juges parmi les spectateurs, puisqu'il avait négligé d'y chercher des complices.

Durant la représentation, M. Paul Féval ne cessa de se compromettre, en faisant, d'une façon ostensible, la vaisselle des mains de mademoiselle Tronquette. Nul doute que par cet exercice de lin-

guistique prolongé les abattis de cette
jeune mauricaude fussent devenus compa-
rables à ceux de l'Aurore ; — mais les ra-
fraîchissements ne circulèrent pas.

Signe d'Argent eut cinq représentations.

Le bout de l'an de la noce.

Cette parodie servit, en 1863, chez l'il-
lustre photographe Carjat, à la première
exhibition des *Pupazzi* de M. Lemercier
de Neuville...

— *Carjat, limonade, bière !*

M. Émile Ollivier, le représentant am-
phibie, rasé de frais et de près, assistait à
la représentation, durant laquelle on vit
ses joues aimables passer insensiblement
du rose au pourpre... Il avait apporté sa
pudeur !...

— *Carjat, limonade, bière !*

A sa gauche, un homme à barbe (sans
doute, quelque moraliste) se tenait à quatre pour ne pas lui pincer le...

— *Carjat, limonade, bière !*

> Poulot ricanant
> Lui pince le derrière ;
> Elle, honnêtement,
> Bonne fille, et pas fière,

Lui dit : — Merci !
Ohé ! à la chienlit !
A la chienlit !

Ah ! s'il était venu en robe !...

— *Carjat, limonade, bière !*

Non plus que la femme de Jules César, la maison de Carjat ne doit être soupçonnée, mais la compagnie fut toujours chez lui furieusement mêlée...

— *Carjat, limonade, bière !*

Les honnêtes gens en gaîté y sont exposés sans cesse à se trouver coude à coude avec des personnages d'une moralité de fille d'auberge...

— *Carjat, limonade, bière !*

Carjat va trop loin dans la sociabilité...

— *Carjat*, etc., etc.

La grande symphonie des Punaises.

Cette fantaisie a été représentée chez M. Jacques Offenbach. En quelle année, devant quel public ? Nous ne savons.

Elle a été imprimée à la suite de la première édition du *Théâtre érotique*, sous les pseudonymes suivants : " paroles du *Géant du boulevard des Capucines* et du *Docteur*

Quérard (de Chartres) ; musique du *Jettatore du passage Choiseul.* "

" *Le Géant du boulevard des Capucines ;* "
M. Nadar ; l'univers connaît son instal-
lation photographique du boulevard des
Capucines, et son ballon le Géant. La fête
de M. Nadar remplacera celle de l'Ascen-
sion sur le nouveau calendrier républicain,
si j'en crois l'ombre de Romme, qui m'est
apparue.

" *Le docteur Quérard,* de Chartres ; "
M. Charles Bataille, Beauceron, comme
Mathurin Regnier, auteur d'un roman pu-
blié sous ce titre, en collaboration préten-
due avec M. Rasetti. Tout Paris sait que
M. Rasetti écrit peu, mais qu'il aime à
signer des livres, pour se faire décorer de
Saint-Maurice et Lazare, et autres ordres
équivoques. Dans le système du monde de
mon portier, quand le ciel est étoilé, c'est
que les membres défunts de toutes les
légions d'honneur possibles s'y sont donnés
rendez-vous, afin de prendre ensemble le
frais, et des petits verres. Sans doute, et
les amas des nébuleuses s'y forment de tas
de Rasettis divers.

" *Le Jettatore du passage Choiseul ;* "

M. Jacques Offenbach ; il jouit d'un fameux mauvais œil.

Des morceaux de la musique de la *Grande symphonie des Punaises* se retrouvent, dit-on, dans *la Belle Hélène*.

Scapin Maquereau.

L'auteur de ce drame vint, à pied, de Versailles à Batignolles, pour en remettre le manuscrit au secrétaire du Théâtre. — Lorsque M. Albert Glatigny déboucha dans le jardin, un héron qui depuis deux jours faisait l'ornement de la Ménagerie, saisi d'un sentiment exaspéré de jalousie, à l'aspect des jambes du poëte des *Antres malsains*, s'envola pour ne plus revenir...

Scapin maquereau, annoncé sous le titre de *Scapin ruffian*, fut représenté au mois de janvier 1863. Les costumes des putains avaient été scrupuleusement copiés sur ceux des filles de la *Patte de Chat* (1). Le décor du premier acte fut vivement applaudi. M. Monselet feignit d'y reconnaître le

---

(1) Débit de chair humaine au plus juste prix, sur le boulevard Monceaux.

petit temple grec qui sert de loge au portier du parc Monceaux ; mais personne ne fut dupe de sa méprise hypocrite.

Entre le premier et le second acte de *Scapin maquereau*, M. Lemercier de Neuville introduisit *Crockett et ses lions*, intermède qui eut le plus grand succès.

Le décor, peint par l'auteur, représentait le Cirque et ses trois mille spectateurs : — '' Ça ressemble au tableau de Gérome ! '' s'écria M. de Serre, quand le murmure d'approbation générale se fut apaisé. — Oui, mais il y a plus d'air, '' reprit le sévère Pelloquet (des Espagnes) (1).

M. Armand Gouzien, auteur de la *Légende de Saint-Nicolas*, composa pour *Scapin maquereau* une ouverture à grand orchestre. L'ouvrage fut repris sur le théâtre de M. Émile Renié, avec le concours des marionnettes de M. Bénédict Révoil. Il a été représenté, en dernier lieu, sur un théâtre particulier, à Nancy, rue du *Maure qui trompe*.

---

(1) On sait que M. Théodore Pelloquet est le sujet de la romance *Le beau Pelloquet des Espagnes*, qui se chante sur l'air : *Je suis muletier de Castille*.

Le dernier jour d'un condamné.

La légende de Jean Coutaudier a fourni le sujet de ce drame.

M. Tisserant, ancien acteur de l'Odéon, et auteur en collaboration, du *Vicaire de Wakefield*, pièce emmerdante, s'il en fut, voulut prendre sa revanche du four odéonien avec *le Dernier Jour d'un Condamné*.

Sa maîtresse en ce temps-là, mademoiselle Mosé, assistait à la lecture qu'il fit de sa pénible élucubration au directeur du Théâtre érotique, et proposa presque à M. Lemercier de Neuville de se prostituer à lui, si la pièce n'était pas reçue à correction.

M. Lemercier répondit froidement que si l'œuvre de M. Tisserant avait réellement des qualités littéraires, que si elle était bonne en elle-même, et de nature à moraliser les masses, il la recevrait à tour de bras ; — mais en même temps il offrit son mouchoir à mademoiselle Mosé. qui comprit, — comme si elle avait été de la maison de Molière.

Ainsi, plus que tous les membres de

l'Aréopage, peut-on se montrer homme
de Plutarque !

On admira, au troisième acte, un superbe
panorama mouvant du Palais de Justice, du
Pont de la Tournelle et des quais, jusqu'à
la Place de Grève.

M. Tisserant fit agir et parler la marionnette principale, — et pourtant *le Dernier
Jour d'un Condamné* ne fut joué qu'une
fois. Cette accumulation de plaisanteries
funèbres sur la guillotine avait laissé les
spectateurs sinistrement impressionnés.

M. Jules Claretie, l'écureuil de la jeune
petite presse, en rendit compte dans *le Dio-
gène*, — et M. Henri de Pène, dans le feuil-
leton de l'*Indépendance belge*. Cet écrivain
par ambassadeur s'était manifesté au Théâtre érotique sous la forme du mage Henri
Delaage.

Le Jean Coutaudier de Jean Tisserant et
le Jean Hiroux de Monnier, ce Jean, sont
le même personnage.

Jean Tisserant en revendique la création.

Monnier Jean prétend que Tisserant lui
a volé son idée.

A force de forger on devient tisserand.

Ils ont sans doute raison tous deux

9 782014 454536